Dortmunder Buch

ISBN 978-3-945238-42-4

Verlag Dortmunder Buch
Dieckmannweg 3a
44339 Dortmund
Tel: +49 (0)231 2206602
Fax: +49 (0)231 2206603
verlag@dortmunder-buch.de
www.dortmunder-buch.de

Thorsten Trelenberg

R U H R I K U S

Band 4

Dem
unermüdlichen
Mitstreiter & Dichterfreund
Thomas Kade
gewidmet

in luftiger höh
himmelblau anzusehen
unendliches nichts

über zitrusduft
steht flirrend sommerhitze
scheinbar ruht der tag

drei tage urlaub
geschniegelt von kopf bis fuß
die braut wartet schon

frage an den wind
tobender wonach suchst du
sitzend lausche ich

zeile für zeile
nimmt das gedicht seinen lauf
einem sturzbach gleich

nachdem sie weg war
bedeutungslose orte
erfüllt von dichtung

niedriglohnsektor
das schafft natürlich ängste
schafft auch wut und hass

vergangenes glück
unwiederbringlich vertan
in all den jahren

licht fällt in mein buch
verse proben den aufstand
gegen das dunkel

gitarrenklänge
brandung in der dämmerung
verglimmende glut

frag mich nicht immer
hat das gedicht einen sinn
hör einfach mal zu

verwittert im gras
unwirklich in nacht gehüllt
lag vor uns das ding

in meinem zimmer
mit buchstaben und wörtern
auf verse warten

das leben zu kurz
um kein schmetterling zu sein
komm wir fliegen los

poetentreffen
in aller stille reimen
dichterparadies

die erste sonne
auf bunten falterflügeln
erfahrung von glück

rastlos zieht der tod
über die krisenherde
zieht ratlos der tod

immer wieder mal
in den erinnerungen
gedichte gesucht

wir trinken worte
verloren im lauf der zeit
sind sie wie auch wir

das wort schlägt wurzeln
in meine seelenlandschaft
unfertige welt

gegen mitternacht
im takelwerk der träume
schillernde qualen

ein letzter brief noch
unbegriffene wörter
in jeder zeile

sicherheitshalber
die gedichte im rucksack
für alle fälle

ein dichtergarten
darin verborgen wörter
auf ernte wartend

leuchtende wetter
verstreut über den halden
zuversicht des raums

jetzt hilft nur noch eins
ruft die wörter zusammen
sonst ist es zu spät

die großen reisen
beginnen immer im blau
der morgenstunde

endlich januar
wieder einmal jagen wir
das jahr vor uns her

plötzlich dieser lärm
erwachen der baustelle
pünktlich zum frühstück

warmes brot und wein
neben dem papier ein stift
das gedicht wartet

kriechender verkehr
zweimal am tag stop and go
schwarmintelligenz

denn statt zu enden
kommen gedichte zu mir
heiter und launig

zartes morgenlicht
unter dem vogelhäuschen
überall federn

weniger worte
bedarf es zur entfaltung
kraft der poesie

wo der blick hinfällt
dieser nichtschlaf der dinge
seltsam und lautlos

man kann es spüren
gleich wenn es geschrieben ist
ein gutes gedicht

diese rabauken
im vogelfederanzug
über mir kreisend

ehe der hahn kräht
erwachen die buchstaben
um wort zu werden ·

ruhrikus sind die
traumpfade des ruhrgebiets
eine art von glück

in deine hände
diesen sicheren hafen
lege ich mein herz

spätsommerabend
sei du meine gefährtin
bei anbruch der nacht

vor dem hauptbahnhof
einem karnevalszug gleich
menschen im gewirr

geheime dinge
vertraue ich den wellen
an in dunkler nacht

rot und weiß erstrahlt
auch für die vergessenen
der leuchtende turm

tosende wellen
brechen raum und licht am strand
ein wunsch und sehnsucht

tag für tag für tag
verlier ich mich mehr in dir
mein kirschblütenmeer

mehr als gelangweilt
vom immergleichen treiben
zerschlagene zeit

frucht vom sommerbaum
gereift in der sonnenglut
kunstwerk der natur

nach dem wolkenbruch
pfützen voll klarem wasser
und hellen liedern

am rande ihres
schattens sitzt die alte frau
schicksalsgeschüttelt

januarsonne
hinter nebel und schwaden
oft kaum zu sehen

vier jahreszeiten
lebendiges wechselspiel
alles irdischen

die muttermilch schmeckt
schmatzend die augen verdreht
dann weggeschlummert

Der Autor

Thorsten Trelenberg
Lyriker, Kinderbuchautor & Flusspoet

Mitglied im vs.verdi
Verband deutscher Schriftstellerinnen
und Schriftsteller

ist mit Kurzgeschichten und
Gedichten in über 100 Anthologien
vertreten und veröffentlichte bis
heute zahlreiche Gedichtbände,
Kinderbücher, sowie 5 CDs mit
vertonten Gedichten

2012 Alfred-Müller-Felsenburg-Preis
für aufrechte Literatur

www.thorsten-trelenberg.de

Beim Verlag Dortmunder Buch sind erschienen:

Peter Gallus

Vor Allahs Angesicht - Roman
Going Upstairs - Roman über den afrikanischen Exodus
Der Ritter mit dem eisernen Halsband - Roman
Das Eiserne Halsband des Lambert von Oer - Dokumentation
Tod vor Toulon - Roman aus dem Seglermilieu
Der Schulstreit von Havixbeck - Theaterstück
Das Weihnachtsmusical - Über die Geburt Christi
Buße für Melchior - Theaterstück
Das Eiserne Halsband - Theaterstück
Pastorin & Kalaschnikow - Krimiserie

Thorsten Trelenberg

Das atmende Lid - Ausgewählte Gedichte
Flusspoet - Ausgewählte Gedichte
Poesieoasen - Ausgewählte Gedichte
Herzklappenartisten - Ausgewählte Liebesgedichte
Aschegeister - Ausgewählte Gedichte
Emscherland - Ausgewählte Gedichte
Aus Worten geboren - Zweisprachige Gedichte,
Zauberwort Deutsch/Russisch
Meintagsfliegen - Ausgewählte Gedichte
Ruhrikus, Band 1–3 - Ausgewählte Gedichte

Dr. Helmut Martens

Wo die ganze Gestalt der Dinge sich ändert - Gedanken zum Hölderlin Jahr 2020
Arbeit und Demokratie- Sachbuch

Dr. Wilfried Grewing, Bernhard Lüke

Die Heiligen von Kakesbeck - Sachbuch
100 Jahre Hünnebeck - Sachbuch

Dr. Gerd Möller

Erinnerungen einer Mutter von fünf Söhnen - Biographie
Das Leben ist ein Streichelzoo - Biographie eines Widerspenstigen

Jan Michaelis, Barbara Klein, Judith Gottschalk, Elisabeth Jansen, Peter Gallus, Heidelore Verhasselt

Frauen–Mörder–Mörderinnen - Krimianthologie

Thorsten Schröder

Wärmequellen für Wärmepumpen - Sachbuch

Heidelore Verhasselt

Lebenskarussel - Biographie

Barbara Klein

Halifax and More - Erlebnisbericht
Josefus von Speckstein - Kinderroman

Patrick Fichter

Mein Plan ist kein Plan - Reisetagebuch

Literatengruppe Dortmund

Die Lynchen uns - Kettenroman
Schön hier - Lieblingsplätze und Herzensorte

Peter Dürrbaum

Manchmal denke ich an Cordes - Erinnerungen

Ali Fuat Kop

Suskun Diller Diyari - Gedichtband (Türkisch)
Eylül'de Sekizlerin Türküsü - Roman

Hassan Lütfi Kop

Blutregen über Kurdistan - Roman (Türkisch)
Kurden und Kurdistan - Geschichtsbuch (Türkisch)
Devre-i mihne - Gedichtband

Margarete Koppetsch

Gleich einem Sommertag - Biographischer Roman

Roland Höft

Wir schaffen das [nicht] - Chronik eines Staatsbankrotts

Susanne Fischer

Unter Weibern

Dreizehn Geschichten
suhrkamp taschenbuch 3449
244 Seiten

(Februar 2003)

»Kholed, sagte er und streckte mir seine schmale Hand hin. Melanie, antwortete ich und reichte ihm meine. Dabei heiße ich Andrea. Ein schöner Name, Melanie. Wo kommst du her? fragte ich und zog meine Hand zurück. Aus Tunesien. Tunis. Ich bin hier zu Besuch. Seit zwei Monate. Monaten. Sagte ich. Ich war schließlich Deutschlehrerin.«

Zwölf Frauen und ein Mann jagen dem Leben hinterher, wenn sie es nicht gerade fliehen. Sie suchen es auf Reisen, bei samtäugigen Kneipenbekanntschaften, im Internet, unter dem Skalpell und schließlich – verzweifelt – in der Handtasche einer überaus verschlossenen Reisebekanntschaft.
Mit aggressivem Witz erzählen die Geschichten von der anstrengenden Gratwanderung zwischen herzerwärmender Sentimentalität und kaltem Selbstmord, die der Alltag einer aufgeklärten Frau stets aufs neue abverlangt. Und vom Sex, den sowieso immer nur die anderen haben.

NF 436/1/5.02